RAPPORT

DE

M. C. JALABERT AINÉ

ANCIEN FABRICANT D'ARMES

CONSERVATEUR DU MUSÉE D'ARTILLERIE

L'UN DES DÉLÉGUÉS DE LA CHAMBRE DE COMMERCE DE SAINT-ÉTIENNE

A

L'EXPOSITION DE LONDRES

EN 1862

POUR L'ARQUEBUSERIE

SAINT-ÉTIENNE

IMPRIMERIE TYPOGRAPHIQUE DE CH. ROBIN

Place Marengo, 5, et rue de la Bourse, 1.

1862

RAPPORT

DE

M. C. JALABERT AINÉ

ANCIEN ARQUEBUSIER

RAPPORT

DE

M. C. JALABERT AINÉ

ANCIEN FABRICANT D'ARMES

CONSERVATEUR DU MUSÉE D'ARTILLERIE

L'UN DES DÉLÉGUÉS DE LA CHAMBRE DE COMMERCE DE SAINT-ÉTIENNE

A

L'EXPOSITION DE LONDRES

EN 1862

POUR L'ARQUEBUSERIE

SAINT-ETIENNE
IMPRIMERIE TYPOGRAPHIQUE DE CH. ROBIN
PLACE MARENGO, 5, ET RUE DE LA BOURSE, 1.

1862

NOTES

DE

M. JALABERT AINÉ

SUR

L'ÉTAT COMPARÉ DE L'ARQUEBUSERIE

EN FRANCE & A L'ÉTRANGER

Pour exposer plus commercialement l'état avancé d'une industrie à une époque donnée, nous avons cru nécessaire de remonter à des dates plus rapprochées de son origine.

Le tableau annexé à ces notes, et qui avait été dressé sur des chiffres officiels destinés à l'histoire de la fabrication des armes à Saint-Etienne, comprendra donc une période de quarante-deux ans, à partir de 1819 jusques et y compris 1860.— C'est, selon nous, le meilleur document que nous puissions fournir pour établir de la manière la plus certaine et la plus facilement appréciable les progressions annuelles, quinquennales et décennales de notre industrie arquebusière.

La moyenne de sa production, de 1819 à 1828

compris, soit dans une période de dix ans, a été de 53,185 armes 1 10me, et de 1851 à 1860 compris, elle ne s'est élevée qu'au chiffre de 67,839 armes 9 10mes. Cette augmentation de 14,654 armes 8 10mes pour ces dix dernières années, les plus favorables aux autres industries de notre ville, est bien faible, surtout en la comparant à l'accroissement prodigieux de notre population qui, en 1819, première date de ce tableau, n'était que de 19,102 habitants, et qui, en 1856, date du dernier recensement officiel, s'est élevée à 94,432 habitants, soit à 75,332 âmes en plus, représentant une augmentation des trois quarts de notre population, dont on sait que les quatre cinquièmes s'occupent de commerce. Ce presque *statu quo*, *seulement numérique*, de notre industrie ne doit-il pas être attribué aux entraves de la législation de 1810 ? On pourra s'en convaincre en comparant aux bilans des productions anglaises et belges, soit le chiffre effectif donné par notre tableau, soit celui qui serait possible aujourd'hui en tenant compte de l'accroissement des ateliers de notre Manufacture impériale, et qui arriverait à 218,767 armes. Par ce rapprochement, il sera surtout évident qu'entre des nations qui possèdent les mêmes éléments de succès, l'infériorité de production ne peut être que le résultat d'une réglementation restrictive, surannée et qui n'a plus sa raison d'être.

Groupons maintenant les chiffres de la production anglaise et belge.

Au banc de l'épreuve du commerce de la ville de Birmingham ont été soumis, en 1857, pour la première épreuve, dite provisoire, mais à laquelle on s'en tient d'ordinaire pour les armes de la 4e classe (voir l'ouvrage de William Greener, p. 256, édition 1858, Londres), le nombre de canons ci-dessous désignés :

Plain iron barrels (canons en fer communs unis).	185,776
Twisted barrels (canons tordus ou à rubans, dont 70,100 doubles auxquels l'épreuve définitive a été bénigne).	136,804
Saddle pistol barrels (canons de pistolets, de selle ou d'arçon).	33,480
Best pistol barrels (canons de pistolets, ce qu'il y a de mieux, ou de tir) . .	962
Common pistol barrels (canons de pistolets communs pour tous usages). .	2,066
Revolving and double barrels pistols (revolvers et canons pour pistolets doubles).	57,106
Total.	416,194

Londres reçoit une grande partie de ces canons en tubes séparés pour fusils doubles. Mais son commerce particulier, ou les commandes du gouvernement, pouvant s'élever à 100,000 armes environ, nous réduirons ce chiffre à 83,806 pour arriver avec celui de Birmingham à un total annuel de 500,000 fusils.

Enfield, selon les chiffres qui nous ont été donnés par le directeur de cet établissement, produirait 2,100 fusils par semaine. Mais nous ne compterons, pour la production de l'année entière, que 100,000 armes.

Nous ne parlons pas des armes portatives qui doivent être fabriquées à Manchester.

Voici la production belge, toujours pendant la même année 1857 ; elle est ainsi composée :

Fusils à un coup. . . .	268,967
Fusils à deux coups. . .	99,392
Fusils de bords.	21,344
Pistolets d'arçon. . . .	27,065
Pistolets de poche. . . .	116,246
Fusils de guerre. . . .	66,194
Total.	599,208

Ces chiffres sont extraits de la déposition de M. Gunther, dans l'Enquête du Conseil supérieur de l'industrie en 1860, à Paris, 2e vol., p. 65.

APPRÉCIATION DE NOS ARMES

Avant d'additionner ces quatre chiffres des manufactures rivales, nous croyons devoir donner quelques extraits des réponses qui, dans les dépositions de MM. Gauvin, Lefaucheux, Manceaux et Delacour, arquebusiers de Paris (toujours pendant l'Enquête dont nous avons parlé), peuvent intéresser notre commerce d'arquebuserie.

M. Gauvin, en déclarant que ce qui se paie 200 fr. à Saint-Etienne ne coûtera que 170 fr. à Liége, ajoute : « Le fusil de Saint-Etienne, pour l'ensemble, pour la marche de la platine, *vaut mieux que le fusil de Liége*. Mais le fusil de Liége a plus de cachet, etc., etc. »

M. Lefaucheux : « ..... Pour les fusils qui se chargent par la culasse, *on arrive à faire mieux à Saint-Etienne qu'à Liége ;* mais un fusil coûtant 170 fr. à Saint-Etienne ne coûtera que 110 à 115 fr. à Liége. »

M. Manceaux, après avoir avancé que le marché français est à la Belgique, répond à cette seconde question de M. le général Guiod : « Qui est-ce donc qui fait vivre la fabrique de Saint-Etienne ? »

« Elle se soutient, mais elle a considérablement perdu. » (M. Manceaux ne connaissait pas les registres de notre épreuve, qui donnent une progression lente, mais *officiellement établie*).

Et plus bas, il ajoute : « Nous n'avons pas de fabrication d'armes de luxe proprement dite ; nous avons un commerce plutôt qu'une véritable fabrication. Cela tient d'abord aux prix extraordinaires des matières en France, comparativement aux prix de ces matières en Angleterre et en Belgique. »

M. Manceaux exagère cette différence. Nous répondrons à cette assertion erronée par l'extrait suivant de notre déposition du 7 juin 1860, devant le Conseil supérieur, 2e vol., p. 27 :

« La valeur au poids des matières premières employées, fers, aciers et cuivres, *est de si peu d'importance*, même pour les fusils doubles de 27 fr., qu'elle représente à peine 15 0/0 ; elle disparaît presque entièrement dans les armes d'un prix élevé. » Ces calculs ont été établis avec la plus scrupuleuse exactitude.

Mais M. Manceaux est parfaitement dans le vrai, lorsqu'il dit « que le régime restrictif sous lequel nous avons vécu a empêché le développement de la fabrication, » et lorsqu'il ajoute, plus bas : « celle de l'arme de guerre est la pépinière de l'arme de luxe ; » et les délégués du commerce de Saint-Etienne n'avaient-ils pas devancé l'expression de cette pensée, quand ils disaient : « Le Gouvernement de l'Empereur trouverait, dans un moment donné, à utiliser à son profit l'habitude qu'auraient acquise de travailler l'arme de guerre les fabricants et les ouvriers sur lesquels il conserve son droit de réquisition. »

Nous citerons encore ce fragment de la déposition de M. Manceaux, comme corollaire des lignes précédentes :

« Les ressources militaires de la France reposent sur les moyens de produire son armement; si nous n'avions pas une population ouvrière nombreuse, dans les moments de danger, on ne pourrait pas fabriquer assez d'armes. »

RÉCAPITULATION

DES CHIFFRES DE L'ARQUEBUSERIE ÉTRANGÈRE

EN 1857

(1) Birmingham. . .	416,194
Londres. . . .	83,806
Enfield.	100,000
Liége.	599,208
Total annuel.	1,199,208

A Saint-Etienne, pendant la même année 1857, ont été soumis ou pourraient être actuellement fabriqués et acceptés à notre banc d'épreuve le nombre de canons ci-désignés : (2)

Canons pour fusils de guerre, simples.	18,500
Id. pour fusils de chasse, simples.	9,222
Id. pour fusils doubles. . . .	34,965
Id. tromblons ou canardières et pistolets de poche. . . .	6,992
Id. fusils transformés, 80,000, dont le huitième est (3) . . .	9,673
A reporter. . .	79,352

(1) Désobry et Bachelet, dans leur Dictionnaire historique, Paris, 1861, 1er vol., écrivent que Birmingham, dont la population n'était, en 1821, que de 106,000 âmes, en 1856 de 233,000, fournissait au gouvernement anglais, pendant les guerres de la Révolution, 14,500 fusils par semaine.

(2) Les canons de certains modèles de fusils de guerre ainsi que ceux des pistolets de poche ne figurent pas dans les chiffres officiels de notre tableau.

(3) Voir au tableau.

Report. . .	79,352
Canons pour grands pistolets	738
Total annuel et non en moyenne pour 1857. .	80,090

Les trois Manufactures impériales et l'arquebuserie de Paris fournissent annuellement, en forçant un peu leurs chiffres :

Tulle, fusils de guerre. .	18,000	
Mutzig, id. . .	15,000	
Châtellerault, id. . .	20,000	
Paris, armes de luxe. . .	2,000	
Total. . .	55,000	55,000
Le total général annuel, pour 1857, de la production arquebusière de la France ne s'étant élevé qu'à. . .		135,090

(cent trente-cinq mille quatre-vingt-dix armes) est donc inférieur aux chiffres réunis de l'Angleterre et de la Belgique de 1,064,118 armes (un million soixante-quatre mille cent dix-huit armes).

Si, dans un rapport où nous voulons présenter l'état actuel de notre arquebuserie, nous n'avons pas inscrit le nombre, très-important, des armes de guerre ou de chasse fabriquées à Saint-Etienne en 1861 et pendant les premiers six mois de 1862, c'est qu'il est le premier jalon de la nouvelle carrière commerciale qui vient de nous être ouverte par l'heureux affranchissement de notre vieille industrie. Cet accroissement justifie surabondamment de la sagesse et des bienfaits de cette nouvelle législation, et c'est à nos neveux, qui doivent en profiter, que nous léguons le soin de notre reconnaissance pour les précieuses assurances de haute protection qui viennent de nous être données à Londres avec tant d'affabilité par S. A. I. le Prince Napoléon et S. Exc. M. Rouher, ministre de l'agriculture, du commerce et des travaux publics.

Pour éviter une confusion possible dans les détails à donner sur des pièces du même nom et communes à des produits différents, nous croyons devoir en établir les classifications.

CLASSIFICATION

DES ARMES DE SAINT-ÉTIENNE

Les produits de l'arquebuserie de Saint-Etienne se divisent essentiellement, soit par la spécialité de leur destination, soit par leur forme, leur dimension et le plus ou moins de soin donné à leur fini, en quatre classes, que nous désignerons ainsi :

1re classe : Armes de guerre, fusils, carabines et pistolets ;

2e classe : Armes de chasse, fusils doubles, carabines de tir, pistolets, etc., etc.;

3e classe : Armes de troc, dites autrefois armes de traite, qualité inférieure ;

4e classe : Armes riches, genre oriental ou ornementées, dites armes de Panoplie.

PREMIÈRE CLASSE

ARMES DE GUERRE

On n'aurait que peu de choses à dire des armes de guerre si, grâce au bénéfice de la nouvelle loi, tous les fabricants d'armes n'étaient pas autorisés à en accepter les commandes.

Déjà d'importantes fournitures ont été livrées par M. Félix Escoffier, entrepreneur de notre Manufacture impériale, à l'Angleterre, l'Egypte, la Turquie, la Grèce, la Russie, le Maroc et au gouvernement d'Haïti. Ces nombreuses livraisons témoignent de l'activité apportée par M. Félix Escoffier pour étendre au loin nos relations commerciales ; les soins qu'il fait donner à la fabrication des armes de guerre de tous modèles qui se font dans ses ateliers ne peuvent manquer de donner une haute idée des ressources de notre industrie arquebusière. Enfin, près de 150,000 fusils sont actuellement en fabrication sur notre place, chez dix ou douze de nos anciens confrères, et ces armes doivent être livrées, en 1863, à l'Amérique et au Piémont, environ par moitié, indépendamment des commandes annuelles pour le Gouvernement français et de celles que la consommation de la France exige habituellement.

Ce surcroît de demandes pressées devait nécessairement rencontrer des impossibilités, à cause de la lenteur de confection de certaines pièces qui exigent une habileté de tour de main, résultat d'un long apprentissage.

Les canons et les baïonnettes furent les premières pièces dont la pénurie se fit sentir.

Informée de cette ruineuse impossibilité manufacturière, notre Chambre de commerce, toujours soigneuse de l'entier accomplissement de son mandat, dut, à la demande des arquebusiers, dont les livraisons d'armes étaient suspendues par le manque de baïonnettes, intervenir auprès de M. le ministre du commerce, pour obtenir l'introduction temporaire, en France, de cette arme d'Hast que l'étranger fabrique avec plus de célérité que nous. Mais, pour rendre à l'avenir notre industrie arquebusière complètement indépendante de toutes éventualités politiques, et pour la faire progresser plus rapidement, une délégation fut envoyée à Londres avec mission d'apprécier en même temps et les produits exposés et l'emploi des machines-outils à la fabrication plus prompte et plus régulière de toutes les pièces qui composent et complètent une arme à feu.

M. Fontvieille, maître-systèmeur (on donne ce nom en fabrique à l'ouvrier qui établit le système d'inflammation sur une arme à feu), de plus, inventeur de divers perfectionnements pour les armes de précision, dut être désigné, en même temps que M. Papillon, mécanicien-rayeur, et M. Ronchard-Siauve, maître-canonnier, ancien fabricant d'armes, membre de la Société industrielle de notre ville.

Nous nous permettrons quelques réflexions préliminaires sur les remarquables rapports de deux de ces messieurs, et nous rendrons compte des appréciations verbales si judicieuses de M. Papillon.

En rendant toute justice aux canons simples et doubles de diverses étoffes et dimensions exposés par MM. les canonniers de Paris, M. Ronchard n'hésite pas à reconnaître que, pour la préparation plus prompte et plus régulière de chacun des tubes destinés à la confection d'un canon double, la machine à raboter, perfectionnée par M. Léopold Bernard, est, pour le fini de ces produits, l'auxiliaire le plus puissant.

Nous ajouterons même qu'il est devenu indispensable pour obtenir la parfaite parité qui doit exister dans la courbe ou *évidement* extérieur de chacun des tubes du même canon (1).

On conçoit aisément qu'un rabot qui court, sans pouvoir se dévier, sur une règle en acier, ayant la courbe qu'on veut donner aux canons soumis à son action, reproduira invariablement cette même courbe sur tous ceux qui lui seront successivement présentés, et puisque nos maîtres canonniers savent mieux que personne combien ce travail de parité est important, quels talents et quels soins il exige, nous les engageons instamment à se pourvoir de cette indispensable machine-outil.

Nous leur rappellerons qu'elle fonctionne seule, laissant tous loisirs à l'ouvrier chargé de sa direction, et qu'elle attend, sans détériorer la pièce qu'on aurait négligé de démonter, qu'un nouveau travail lui soit fourni.

Les machines à raboter sont connues depuis plusieurs siècles ; il y a même très-longtemps qu'elles ont été employées en arquebuserie, et notamment à Saint-Etienne, chez M. Clair, mécanicien constructeur de machines (2), pour cer-

(1) C'est à tort qu'on s'imaginerait qu'un canon double, parce qu'il a un diamètre extérieur un peu plus fort et décroissant du tonnerre à la bouche, présente une forme conique non interrompue. En lui appliquant de champ sur le côté une règle en bois, d'une longueur suffisante, on s'apercevra qu'elle n'appuie qu'aux deux extrémités de la paroi extérieure ; le plus large intervalle qu'elle laissera, en partant de ces deux points d'appui, indiquera la flèche de la courbure dont nous avons parlé.

(2) Une puissante machine, établie par M. Decoster, à Paris, est maintenant en fonction à notre Manufacture impériale, pour la confection des canons doubles en acier fondu, et elle en rabote trois à la fois.

tains canons de pistolets ornés, parallèlement à leur axe, de filets et de moulures saillantes. Mais les perfectionnements successifs que M. L. Bernard a apportés, depuis 1844, à ce mécanisme, nous sembleraient devoir être préférés à des tâtonnements toujours onéreux.

Nous verrions donc avec plaisir qu'on voulût s'entendre avec cet éminent artiste, qui cédera, moyennant une prime stipulée dans la lettre qu'il a bien voulu nous confier, le droit d'employer une machine semblable à la sienne ; elle pourrait être acquise en commun par quatre ou cinq maîtres canonniers et suffirait, je crois, à leurs besoins.

Je ne reviendrai pas sur les avantages d'un fini plus parfait, sur l'économie de temps et de travail qu'elle assurerait à ses possesseurs.

Puisque M. Ronchard, en nous expliquant les différentes dispositions des damas de corroi exposés à Londres, ne nous parle pas des canons doubles en acier fondu, d'un dressage si parfait, exposés par lui et plusieurs autres maîtres canonniers ou arquebusiers de notre ville, je dois faire remarquer que, pour l'adoption de ce nouveau métal, nous sommes plus avancés que toutes les autres nations ; car, depuis 1844, à la suite des essais que nous avions fait faire nous-même , soit avec un canon en acier fondu provenant des forges de M. Krupp, d'Essen (Prusse), soit avec les aciers français de MM. Petin et Gaudet, de Rive-de-Gier, ayant reconnu que la résistance de ce métal était à peu près triple de celle de nos meilleurs corrois, nous avions acquis la conviction que cette supériorité de résistance ferait bientôt substituer l'acier fondu à ces divers mélanges, très-longs à préparer et, par suite, très-coûteux.

Notre conviction est, du reste, partagée par M. Friedrich Krupp, d'Essen, puisque nous lisons dans le catalogue de son exposition à Londres, page 10 :

« Jusqu'à ce jour, notre établissement n'a livré que des canons de fusils et de carabines en barres forgées massives ; mais l'on y organise actuellement des ateliers très-étendus, qui permettront de livrer rapidement et en grande quantité les mêmes canons entièrement finis. »

Ces préparatifs d'un établissement aussi important que celui de M. Krupp (1), engageront sans doute nos métallurgistes à se mettre en mesure contre la concurrence étrangère.

En attendant que, par des procédés mécaniques plus perfectionnés, les canons en acier fondu nous soient fournis à un prix égal à celui de nos canons en fer fin (progrès économique dont nous ne désespérons pas, surtout si l'on fait entrer en compensation de la plus-value du métal (l'acier fondu) le travail si long, si problématique de la forge, du brasage et de l'ajustage des bandes d'un canon double), nous ajouterons quelques notes historiques à celles de M. Ronchard sur la confection, pour les armes de guerre ou pour les armes ordinaires de chasse, des canons en fer par les procédés des laminoirs.

(1) Cette fonderie d'acier, qui tient le premier rang dans la Prusse rhénane, occupait 800 ouvriers en 1855; elle avait 8 marteaux-pilon du poids chacun de 12,000 kil.; coulait des lingots d'acier de 20,000 kil. On y voyait 12 machines à vapeur, dont une de la force de 200 chevaux, et il y existe maintenant un treizième marteau-pilon du poids de 50,000 kilog.

Cette fabrication, avantageuse surtout pour les armes de guerre et pour toutes celles d'un modèle uniforme et nombreux, fut expérimentée deux fois à Saint-Etienne, et notamment en 1831 ; mais elle dut être abandonnée à cause des imperfections de ses produits. En 1834 et 1835, la Belgique l'essaya sans plus de succès. L'Angleterre, plus persévérante, ayant préparé une certaine qualité de fer se prêtant convenablement à cet emploi, et continuant cette fabrication, a, depuis plus de 25 ans, fait une concurrence redoutable à la Belgique. Aussi, en 1853, MM. Simonis et Cᵉ, de Liége, remirent-ils en activité l'usine du Val-Benoît, et en 1855 ils obtenaient déjà de 4 à 500 canons par jour; on a même dit 600.

Voilà donc nos concurrents les plus sérieux en possession d'un moyen de fabrication aussi puissant qu'économique. Si, à l'époque, nous avions dû le rejeter à cause de ses imperfections, puisqu'il est devenu acceptable par l'emploi d'une qualité particulière de fer, la nécessité de reprendre ce moyen de production est devenue impérieuse pour pouvoir à l'avenir soutenir la concurrence étrangère, surtout dans la fabrication des armes d'un prix inférieur.

« Un seul maître de forges,» dit M. de Lobel, lieutenant-colonel d'artillerie, dans son Rapport sur l'exposition de l'arquebuserie belge, à Paris, en 1855, « M. John Marshall Wednesbury, est parvenu, dans toute l'Angleterre, à produire la qualité de fer indispensablement en usage pour la fabrication des canons au laminoir. » De même qu'à Liége, il n'y a donc qu'à résoudre d'abord, à Saint-Etienne, « un problème sidérurgique qui consiste à obtenir, par le puddlage de la fonte au coke, un fer dur et de grande pureté capable de remplacer les meilleures qualités des fers affinés au bois. » (1)

Persuadé que nos maîtres de forges français n'ont rien à envier aux connaissances de ceux des autres nations, nous devons croire qu'ils nous fourniront bientôt un fer capable de se souder exactement par la pression.

Pour compléter les bons résultats de la reprise de ce nouveau mode de production, nous conseillerions d'essayer la torsion du tube au sortir du laminoir, afin qu'en faisant décrire une spirale à la soudure elle puisse opposer une plus grande résistance à l'effort des gaz. Une seule opération, le canon étant chauffé de toute sa longueur dans un four à réverbère, nous semblerait devoir suffire à ce perfectionnement de forge si ancien, et qui faisait donner aux canons des fusils de chasse sur lesquels il avait été exécuté le nom de *canons tordus*.

Il serait on ne peut plus facile aux métallurgistes de Saint-Etienne de nous fournir, à des prix de 50 p. 0/0 au-dessous de celui de nos fers fins, une bonne qualité de fer au coke qui pourrait être employée pour nos canons au laminoir. Mais, dans tous les cas, nous ne conseillerions pas l'emploi de ces fers obtenus avec de vieux morceaux de ferraille oxydée, de toute forme et de toute nature. Birmingham s'en sert pour beaucoup de canons. Ceux qui sont fabriqués à Liége avec ces matières hétérogènes (vulgairement ap-

(1) Si toutefois nos qualités supérieures de fers au bois doivent céder la place aux fers *durs* fabriqués au coke.

pelées riblons à Saint-Etienne), se nomment *canons platine*, et selon M. Mangeot (Bruxelles, page 16, édition de 1854), « les canons platine, étant fabriqués avec un fer aigre peu corroyé et soudés dans toute leur longueur, *ne présentent que peu de garantie* »

Cette expression : *soudés dans toute leur longueur*, signifie probablement que le joint de la soudure ne décrit pas une spirale autour du tube, ainsi que nous l'avons conseillé, mais qu'il conserve au contraire, dans tout son parcours, une direction parallèle à celle de l'axe du canon. Car M. Mangeot sait fort bien qu'un canon qui ne serait pas soudé sur toute sa longueur serait infailliblement rejeté. Cependant, continue-t-il, « on » en voit peu crever aux épreuves, malgré la » qualité inférieure du fer et *le peu de soin qu'on* » *apporte à leur manipulation.* »

Mais ces épreuves belges ne sont-elles pas, comme en Angleterre, de 4e classe, et, par conséquent, de beaucoup inférieures en quantité de poudre à celles qui jusqu'à ce jour ont été les seules usitées et supportées si aisément par tous nos canons de Saint-Etienne, même les plus ordinaires?

Citons aussi M. Gunther, répondant à cette question de M. le général Guiod (page 66 de l'Enquête commerciale) : « Savez-vous s'il y a beaucoup de rebut parmi les 5 à 600 canons journellement fabriqués aux laminoirs par MM. Simonis et Perlot, de Liége? » M. Gunther: « Il y a quelques » rebuts, *mais les canons rebutés sont utilisés pour les* » *fusils à très-bon marché* destinés à la côte d'Afri- » que. Cependant chaque canon de rebut est » éprouvé par une commission militaire, et l'on

» est sûr que *ce n'est pas un canon absolument mau-*
» *vais.* »

Ne pourrait-on pas rendre le sens des sept mots que nous avons soulignés plus précis, en disant que ces canons *ne sont qu'aux trois quarts mauvais?*

Il faut nécessairement que ce soit avec de tels canons qu'on fabrique, à Liége, ces fusils à un coup dits Cadets, qu'on cède au commerce d'exportation à 5 fr. 50 et 6 fr., ceux pour hommes à 6 fr. 85, 7, 8, 11 et 11 fr. 55. Mais, dit encore M. Gunther (page 65) « *on n'en voudrait pas un seul en France.* » Tandis que le canon du fusil simple pour homme, fabriqué à Saint-Etienne avec des fers fins *au bois* et éprouvé, selon nos règlements (toujours d'après M. Gunther, p. 64, ibidem), s'il vaut, l'arme étant complète, de 11 fr. 60 à 12 fr., « sert à notre consommation en France et dans les colonies françaises. »

C'est pour prouver officiellement cette supériorité de qualité et surtout de résistance de toutes nos armes à bas prix qu'un fusil simple de 12 fr. et un fusil double de 28 fr. avaient été ajoutés aux armes exposées à Londres.

Il est très-fâcheux que le retard mis à l'annonce de leur expédition ne leur ait pas permis de figurer dans le catalogue officiel et les ait soustraits à l'appréciation du jury, ainsi que les cinq canons qui les accompagnaient.

Ils étaient remarquables, et par leur bonne exécution, et surtout par leur résistance extra-légale aux épreuves officielles qu'ils avaient supportées. En voici les chiffres et en même temps la désignation :

1° Deux canons simples pour fusils, de 12 à

14 fr., ayant supporté des charges de 16, 17 et 18 grammes de poudre, plus une balle du calibre exact;

2° Un canon simple pour fusil, de 15 à 20 fr., ayant supporté trois charges de 17, 18 et 19 grammes de poudre, plus une balle;

3° Un canon double pour fusil, de 27 à 28 fr., ayant supporté trois épreuves à l'extraordinaire de 17, 18 et 19 grammes de poudre, toujours avec balle;

4° Enfin un canon double pour fusil, de 30 à 40 fr., ayant supporté, *sans la moindre altération*, cinq épreuves successives et croissantes, composées de 19, 20, 22, 24 et 26 grammes de poudre, plus une balle de son calibre.

Si l'on veut savoir à quelle limite éclatent nos canons les plus ordinaires, lorsqu'ils sont poussés à bout, nous pouvons donner, comme moyenne officielle et récente de leur rupture, le chiffre de 27 grammes de poudre, et comme résistance extraordinaire celui de 40 grammes, toujours avec une balle du calibre réglementaire.

Tout le secret de cette résistance extraordinaire de nos canons consistant dans l'emploi exclusif, par tous nos arquebusiers, des fers fins provenant et de la Bourgogne et de la Franche-Comté, il est à désirer qu'à l'aide de modifications métallurgiques ou mécaniques on parvienne à réunir à la ténacité de cet excellent métal l'avantageuse rapidité de production des laminoirs.

Dans tous les cas, depuis que la difficulté de se procurer des canons s'est fait sentir sur notre place, plusieurs métallurgistes ont essayé de nouveaux procédés de forge, qui, s'ils ne sont pas tout à fait aussi expéditifs que les laminoirs, ne nécessitent pas du moins un outillage particulier.

Ainsi l'on a montré qu'on pouvait forger complètement, en moins de 15 minutes, sous un martinet du poids de 70 kil., un canon pour fusil de guerre, dont la soudure serait très-complète et dont l'étoffe aurait acquis plus de densité sous les percussions d'un aussi lourd marteau. Des échantillons prouvant cette augmentation de densité sont déposés à notre Musée d'artillerie.

Pour obvier aux imperfections de la soudure, trop souvent inexacte sous la pression désagrégeante des laminoirs, un autre métallurgiste vient de se pourvoir d'un brevet pour un canon forgé avec une lame en fer fin deux fois aussi large que pour l'ancien système, et faisant, par conséquent, une double révolution sur elle-même. Par cette heureuse disposition, il n'existera plus de joint qui puisse s'ouvrir sous l'effort de disjonction des gaz.

Cet accident inhérent au mode de fabrication par les laminoirs est très-fréquent à Birmingham, surtout à la première épreuve. Tous les fragments de canon, et ils étaient nombreux, qu'on nous a permis d'examiner, après chaque salve, indiquaient parfaitement que le bris du canon provenait du peu de ténacité de la soudure.

A Londres même, nous avons vu s'ouvrir, soit partiellement, soit dans *toute leur longueur*, les canons fins en fer Marshall (le gouvernement anglais fait remettre cette qualité de fer à tous les arquebusiers du commerce auxquels il confie une certaine fourniture d'armes de guerre) destinés à des carabines dites d'Enfield, lorsqu'étant complètement terminés, munis de leur hausse, etc., etc., ils étaient soumis pour l'épreuve définitive à la faible charge de 7 grammes 8 dixièmes de poudre (1) et qu'on n'opposait que du sable humide au choc de leur recul.

Cette seconde épreuve dont nous venons de parler est de si peu d'effet qu'au banc de l'épreuve d'Enfield, elle a lieu sur des bois de fusils munis d'une platine et d'une détente à laquelle est attachée une petite ficelle qui traverse le mur derrière lequel se tient l'éprouveur. Ces bois seraient infailliblement brisés sous l'effort de nos épreuves.

On comprend qu'obligé de tirer les unes après

(1) Les canons des armes du même modèle qui ont été fabriqués en 1856, à Saint-Etienne, par M. Félix Escoffier, pour Sa Majesté la reine d'Angleterre, avaient supporté deux épreuves avec 14 grammes de poudre pour chaque charge.

Nous renvoyons au remarquable rapport de M. Ronchard ceux de nos anciens confrères qui, adoptant les premiers l'usage des machines, auraient besoin de renseignements plus détaillés et plus techniques.

Voir aussi, sur les procédés suivis et les résultats obtenus dans la fabrication des canons laminés, le savant rapport de M. Masclet, lieutenant-colonel d'artillerie, attaché en 1831 à notre Manufacture d'armes de guerre, page 64 de la statistique industrielle de notre département, par M. Alphonse Peyret. (Saint-Etienne, 1835, Delarue, éditeur).

Cet ouvrage, qui a occasionné de nombreuses et pénibles recherches à son auteur, mérite, à plus d'un titre, d'être consulté pour l'histoire générale de toutes nos industries.

Nous prévenons aussi les personnes qui voudraient s'occuper d'arquebuserie, que toutes espèces de communications seront à leur disposition chez chacun de MM. les délégués.

Pour donner une idée de la disposition intérieure d'une usine à laminoirs et de son outillage particulier, nous pourrons encore montrer une vue photographique de l'un des ateliers pour canons de fusils, aujourd'hui en activité à Birmingham.

les autres chacune de ces ficelles, il doit employer beaucoup de temps pour chaque salve.

Puique nous avons parlé des bancs d'épreuve anglais, nous dirons qu'il en existe deux à Londres, deux à Birmingham et un à Enfield. Celui qui est outillé avec le plus de luxe est situé dans les bas côtés de l'enceinte de la Tour de Londres; sa destination est de constater, au moyen de la seconde épreuve, dite épreuve définitive, la solidité de toutes les armes de guerre avant leur classement sur les râteliers de ce vaste arsenal.

Le second banc d'épreuve, situé aussi à Londres, dans un quartier très-populeux, appelé White Chapel, ne peut donner lieu à aucune réclamation de la part des locataires des maisons voisines.

Le bruit de ces détonations, dans un local assez étroit, mais creusé d'environ un mètre au-dessous du sol, est étouffé par un système de volets fermant sous la pression d'un ressort, et ne peut être répercuté (le bruit), par l'espèce de muraille en sable mouillé (1) opposée aux balles des épreuves.

Nous avons déposé aux archives de la Chambre de commerce des renseignements très-complets tant sur les dispositions des bâtiments affectés à ce genre de service, que sur la force explosive des poudres anglaises, comparée avec celle des poudres des épreuves françaises.

Ce dernier document est un procès-verbal authentique, prouvant en même temps la supério-

(1) Il brise bien moins le plomb que lorsqu'il est sec, d'où il résulte une notable économie pour la refonte et un avantage pour la recherche des débris.

rité de toutes les qualités de poudres françaises sur celles similaires anglaises.

Un autre document non moins authentique, imprimé sur papier administratif anglais, est l'acte de la nouvelle réglementation sur toutes les épreuves de l'Angleterre. Cette nouvelle loi, éditée seulement depuis 1855, prescrit une double épreuve pour toutes les armes à feu portatives.

On reconnaîtra la sagesse de cette prescription en examinant avec attention le canon simple conservé dans l'un des grands placards de notre Musée. Il est du modèle de ces carabines de guerre, dites d'Enfield, que le gouvernement anglais commande quelquefois au commerce, ainsi que nous venons de le voir.

Ce spécimen de l'imperfection de la soudure au laminoir nous avait été cédé à Londres en 1860 par M. Barnett lui-même. (Ce négociant est le chef d'une des premières maisons de l'arquebuserie anglaise; son nom et celui de Beasley's, plus le n° 507, se lisent encore sous le tonnerre de ce canon).

La lacération de ce tube affecte la forme d'un ovale dont la longueur n'est pas moindre de 52 centimètres par 15 de largeur.

On reconnaît de la manière la plus évidente que du côté où les bords du bris présentent des rugosités, le métal a été violemment déchiré; tandis que du côté opposé, où existait la soudure et qui est très-uni, il n'y avait qu'une légère couche de métal qui s'était soudée au-dessus du joint de la lame à canon. Cette espèce de pellicule, si elle a pu soutenir l'effort de la première épreuve, devait infailliblement céder à la seconde, quelque faible qu'elle fût, par suite de la diminution d'épaisseur que lui avait fait subir le polissage extérieur du canon.

Une seconde épreuve (déjà demandée pour les fusils dont le tonnerre a été fraisé pour l'emplacement de la cartouche) sera donc aussi, pour nous, d'une nécessité absolue dès que nous fabriquerons des canons communs aux laminoirs.

Cette mesure, intéressant la sécurité publique, sera, nous en sommes certain, appréciée, en temps utile, par notre Chambre de commerce.

PLATINE

Le temps nous a manqué, étant à Enfield, pour visiter une seconde fois et montrer à nos compagnons de voyage les procédés mécaniques de la fabrication des platines.

M. Fontvieille, très-habile platineur, aurait pu recueillir d'utiles renseignements.

Nous dirons cependant, aidé des notes de notre premier voyage, que ce mécanisme si important des armes à percussions exige 138 opérations diverses, pour lesquelles les fraises et les étaux limeurs sont du plus fréquent emploi.

Qu'enfin l'outillage d'Enfield est si parfait et les pièces qu'il produit d'une telle identité, qu'on peut prendre successivement la première venue dans les onze cases qui vous sont présentées (1) et *remonter* une platine dont le jeu est toujours parfait. (C'est monter que nous devrions dire, puisque aucunes de ces pièces n'ont préalablement

(1) La platine de la carabine d'Enfield se compose de 11 pièces.

été essayées sur le corps de platine qu'on vient de leur destiner).

Ce même genre de fabrication avait été proposé vers la fin du siècle dernier aux entrepreneurs de notre Manufacture royale par un sieur Blanc, inventeur du pistolet à la Mandrin. (Notre Musée d'artillerie possède un spécimen de ce genre de pistolet). Nous devons penser que cette proposition fut alors négligée.

Un sieur Favier avait fait, en 1825, quelques essais de ce genre de fabrication, et MM. Piet et Cie, de Paris, voulurent, en 1830, l'introduire dans leurs vastes ateliers.

Il y a à peine cinq ans qu'à Saint-Etienne deux de nos chefs d'ateliers des plus habiles ont monté des fraises, créé des gabarits, des conducteurs à percer et divers autres outils pour cette spécialité. Mais, privés d'une force motrice qui put accélérer et surtout augmenter la puissance de leur nouvel outillage, ils ne purent donner suite à cette louable entreprise.

Il est pourtant bien reconnu qu'ils seraient, l'un et l'autre, capables de la mener à bien.

Espérons que des moyens de succès pourront bientôt leur être fournis.

GARNITURES ET RAYURES

M. Papillon, qui a examiné avec un soin particulier la disposition des fraises, dont le travail est appliqué à Enfield aux garnitures des carabines de ce nom, pourrait plus aisément reproduire ces puissants outils que les décrire.

La rayure des canons étant sa spécialité, nous

lui devons les plus satisfaisantes explications sur le mécanisme très-compliqué de ces tringles à rayer qui, dans l'intérieur si admirablement poli de ces fortes bouches à feu en acier fondu, exposées par la manufacture royale de Woolwich, avaient pratiqué les rayures les plus capricieuses.

Quelques-unes couraient en serpentant entre un espace de 5 ou 6 centimètres, d'autres s'avançaient en zig-zag, imitant le trajet qu'on fait décrire à l'étincelle électrique. Il y en avait qui s'enfonçaient dans la paroi du canon à des profondeurs très-inégales, et qu'on pourrait appeler rayures à torrent; enfin une quatrième variété s'élargissait ou se rétrécissait brusquement à des distances réglées.

La manufacture royale de Woolwich, en exposant ces quatre spécimens de rayures, a sans doute voulu prouver que ce genre de travail n'était plus qu'un jeu, et qu'il pouvait se prêter aux exigences des plus bizarres théories.

GARNITURES DES CARABINES D'ENFIELD

On appelle, à Saint-Etienne, garniture d'une arme à feu, la plaque de couche, la sous-garde, les capucines et les porte-vis. Sur plusieurs modèles d'armes, ces pièces sont d'ordinaire en cuivre ou en bronze fondu. Pour les obtenir à de meilleures conditions de temps et de fini, on a dû chercher à perfectionner leur moulage en sable. Un procédé extrêmement simple et aussi expéditif que parfait a été imaginé par le maître fondeur d'Enfield et nous a été expliqué, par l'inventeur lui-même, avec une rare complaisance.

Les avantages réels que présente ce nouveau mode de moulage nous déterminent à le décrire.

Il consiste à entailler, très-exactement, de la moitié de leur épaisseur, dans une plaque en fer substituée au lit de sable que dans le châssis inférieur du moule nous appelons couche, toutes les pièces qu'on veut reproduire par la fonte. Quand, sur cette surface plate et résistante, on a jeté et foulé le sable dans lequel s'est inévitablement moulée la moitié saillante des pièces à fondre et qu'il s'agit d'enlever cette seconde portion du moule, on a recours, par les anciens procédés, à quatre coins en bois qu'on enfonce avec le plus d'ensemble possible entre les quatre angles des deux châssis pour soulever bien verticalement cette portion supérieure, qu'on enlève enfin à la main.

Mais il est très-rare qu'un dévers involontaire ou une adhérence de quelques parties du sable, contre l'un ou plusieurs des modèles, n'occasionnent des égrennures difficiles et longues à réparer.

Par le procédé d'Enfield, en pressant une espèce de pédale placée sur le côté du châssis de couche, on fait descendre à la fois et sans dévers tous les modèles empreints dans le châssis supérieur sans qu'ils puissent entraîner avec eux la moindre partie du sable qui déterminait leurs contours, la sôle en fer, sous laquelle ils disparaissent, faisant l'office de la lunette d'un emporte-pièce. Espérons que les avantages *évidents* de ce procédé de moulage détermineront bientôt nos habiles fondeurs à l'adopter. Nous répéterons encore ici que les renseignements supplémentaires dont ils pourraient avoir besoin leur seront donnés avec empressement.

Des fraises et des meules entièrement en émeri aggloméré ou en bois, recouvertes en buffle toujours imprégné d'émeri, terminent et donnent un beau poli non-seulement à toutes les pièces qui composent la garniture, mais encore à la baïonnette et à la platine. On a même employé, nous a-t-on dit, pour rendre le polissage plus facile sur des surfaces rondes ou irrégulières des courroies sans fin entraînées par deux pignons à axe mobile permettant à la courroie d'embrasser en fléchissant une plus grande surface de la pièce à polir.

Il existe encore des meules à axe flexible dont, il est vrai, l'action est moins énergique, mais plus avantageuse à utiliser pour la perfection de l'ouvrage. Les brosses en chiendent et en crin peuvent aussi donner un beau polissage.

DE L'EMPLOI DES MACHINES

Pour que leur travail soit avantageux, il faut qu'il soit appliqué au plus grand nombre possible de pièces du même modèle. La manufacture d'Enfield, malgré l'importance de son outillage, qu'on évalue à plus de 3 millions, ne fabrique cependant que trois modèles d'armes : la grande carabine qui porte son nom, plus deux autres carabines plus courtes, dont l'une est munie d'un sabre-baïonnette (1).

(1) La garde de ce sabre-baïonnette est soudée à la

Il faut encore, et cette condition est de rigueur, que les proportions de chaque pièce soient d'une exactitude telle, que les rapports d'ajustage qui doivent exister dans l'ensemble de l'arme ne soient ni gênés ni trop libres. La platine, par exemple, ne pourrait jouer si les pièces qui la composent étaient irrégulières, et le bois ne pourrait recevoir des pièces trop fortes ou retenir des pièces trop minces. Les armes à bas prix, d'un modèle identique, ne seront donc que dégrossies par les machines; mais les armes de guerre, dont le nombre est ordinairement considérable, pourront être exécutées avec avantage par une collection complète *et bien réglée* de ce puissant moyen de production. Elles offriront cette uniformité de contours impérieusement réclamée pour leur destination, et la célérité de leur production amortira bientôt la valeur de leur outillage.

Depuis 1853, la Belgique a créé, pour confectionner une certaine partie des bois des fusils de guerre, des machines dont le travail alterne avec celui de la main de l'ouvrier et la remplace dans les opérations les plus fatigantes. Il a été reconnu, depuis longtemps, qu'en diminuant de 20 p. 0/0 le prix de revient, le travail mécanique augmente d'un quart environ le salaire d'un ouvrier intelligent. La rétribution qu'on nous a dit être obtenue par les ouvriers arquebusiers d'Enfield prouverait et au-delà l'exactitude de ces calculs. Nous ne parlerons de la tenue soignée de ces

lame toute finie sans la *détremper* par deux chalumeaux à gaz dont le jet de feu ne peut atteindre que la soie de ladite lame, tout le reste étant immergé dans un tube-fourreau plein d'eau sans cesse renouvelée par un courant.

travailleurs que pour faire ressortir les avantages de leur position dans ces vastes ateliers, où l'on a moins besoin de labeur que de soins et d'attentions pour la surveillance des machines.

Qu'on nous permette de comparer les foreurs de canons français avec les ouvriers employés au même travail près des foreries d'Enfield.

A Saint-Etienne, dans toutes nos usines, le foreur, courbé sur le canon qu'il a fixé sur une espèce de chariot à l'aide d'une clavette enfoncée à coups de marteau, au risque de déformer le canon, saisit le foret par sa pointe quadrangulaire et l'engage avec précaution par l'extrémité opposée dans l'axe moteur d'abord et ensuite par la pointe dans l'âme du canon. Il faut déjà une grande dextérité pour ne pas se blesser (le foret tournant dans la main de l'ouvrier avec une vitesse de 320 tours à la minute) pendant ces deux opérations. Il pousse ensuite avec effort contre l'action du foret le chariot dont nous avons parlé, soit avec ses genoux garnis de genouillères en cuir, soit avec une espèce de cheville en bois implantée dans une planchette qui vient s'appuyer sur le milieu de la cuisse ; sa main gauche soutient son corps dans la position courbée qu'il doit toujours garder ; de sa main droite il dirige sur la partie du canon que le travail intérieur du foret échauffe extraordinairement un jet d'eau qui se vaporise en partie à mesure qu'elle est répandue, et dont les rejaillissements pourraient nuire à sa santé, si les cuirs et le cambouis qui recouvrent ses vêtements ne les rendaient hydrofuges; il doit avoir, en même temps, la précaution de se chausser de gros sabots, car l'eau court sous ses pieds. Heureux encore si, pendant ce pénible travail, le foret, en sortant un peu trop du canon, ne grippe pas un pli de ses vêtements. Dans ce cas, il y a lacération violente de l'étoffe, destruction du vêtement et quelquefois blessures plus ou moins graves. Nous pourrions citer des noms et parler d'indemnités justement accordées aux victimes de ce *dangereux et trop primitif outillage*. Il fonctionne cependant depuis plus d'un siècle dans les mêmes conditions et ne produit que 10 ou 12 canons par jour.

Le foreur anglais, au contraire, debout entre deux machines qui forent chacune quatre canons à la fois, n'a qu'à entretenir la continuité du travail dans les huit canons qu'il a engagé entre certaines entailles où ils sont retenus par leur forme elle-même. Leur diamètre inférieur baigne dans l'eau que quatre robinets répandent incessamment sur la partie de leur surface extérieure en rapport avec le travail des fraises. Ces quatre robinets ne donnent que la quantité d'eau nécessaire à prévenir tout échauffement, et à entretenir un niveau toujours égal dans le fond de la longue cuvette en fonte où sont fixés les quatre canons. Il n'y a donc ni vaporisation, ni rejaillissement possible. Le forage ou plutôt le fraisage des huit canons s'opérant par avulsion, ne demande aucun effort de la part de l'ouvrier et ne l'expose à aucun danger; il est terminé en vingt minutes et sur huit canons à la fois.

Le forage par le procédé des fraises dans des canons laminés est donc vingt-trois fois plus expéditif que le nôtre et ne compromet, dans aucun cas, la santé de l'ouvrier.

C'est avec le plus vif regret que nous avons vu

agencer, dans celle de nos usines des bords du Furens qui présenterait le plus de ressources à notre industrie, des bancs à forer en bois, selon l'ancien système.

FABRICATION

DES

BOIS DE FUSILS DE GUERRE PAR MACHINES

HISTORIQUE

La fabrication des bois de fusils de guerre au moyen des machines remonterait à l'année 1830 ou 1832. Elle aurait été inventée par des Français.

On lit dans le Rapport officiel du Jury de l'Exposition de Paris en 1844 (p. 594, 2e vol.) :

« L'honneur de la solution du problème de la
» fabrication des bois de fusils par des procédés
» mécaniques appartient à la fois à M. de Girard
» et à M. Grinpé. De 1830 à 1832, ces deux habiles
» et industrieux inventeurs produisirent pres-
» qu'en même temps, chez des nations différentes,
» des échantillons de cet admirable travail. Si
» les procédés par lesquels il avait été obtenu
» n'étaient pas complètement dissemblables, des
» combinaisons particulières à chacun de ces
» inventeurs prouvaient assez l'individualité de
» chaque mécanisme. »

M. Joseph Whitworth, dans un rapport également officiel sur l'Exposition industrielle de New-York en 1853 (p. 162, Londres 1858), nous explique aussi que la première machine-outil sur laquelle on place le bois à peine dégagé du plateau, c'est-à-dire pendant qu'il est encore tout carré, s'appelle machine de Blanchard, qu'elle est employée au dégrossissage et qu'elle fonctionne dans la manufacture de Springfield depuis plus de trente ans. La coïncidence de ces dates, et le nom tout français de Blanchard ne nous autorisent-ils pas à attribuer avec raison à la France une invention qui aura été successivement perfectionnée par les Américains et les Anglais.

Nous avions encore appris, en 1860, lors de notre premier séjour en Angleterre, que toutes les machines-outils en service dans la manufacture d'armes d'Enfield étaient originaires du Massachussetts (Amérique du Nord) et qu'elles avaient été fabriquées à Springfield, près Boston.

A en juger par un fusil de guerre, momentanément déposé dans notre Musée, et qui porte le nom de *Manufacture de Springfield*, les machines à l'aide desquels il a été évidemment confectionné doivent être parfaites.

Enfin, les divers perfectionnements dont ce fusil modèle offre la savante combinaison nous ont semblés supérieurs à tout ce que l'Angleterre à créé de mieux en fait d'armes jusqu'à ce jour.

COMPARAISON

DU

TRAVAIL A LA MAIN AVEC LE TRAVAIL AUTOMATIQUE

APPLIQUÉ AUX BOIS DE FUSILS DE GUERRE

La confection d'un bois de fusil à la main, par un seul ouvrier plus ou moins robuste et habile, exige un travail continu de sept à huit heures. La régularité de ce travail et l'uniformité de ses proportions, si nécessaires dans la fabrication des armes de guerre, peut quelquefois laisser à désirer pour certains modèles.

Par la division de ce même travail à la main entre sept ouvriers spéciaux, on peut obtenir une diminution de 1/5 du temps, c'est-à-dire qu'un bois de fusil peut, en moyenne, être terminé en 6 heures.

Par l'emploi des machines, on produit, en 25 ou 30 minutes au plus, un bois de fusil exact dans tous les ajustages et d'une uniformité toute mécanique.

La production des machines est donc 11 fois plus puissante que celle du travail manuel prise à son maximum de production.

Mais en déduction de ces avantages si importants doivent nécessairement entrer en ligne de compte :

1° La valeur des machines.

On verra plus loin que, pour une fabrication annuelle de 60,000 fusils, la valeur de cet outillage est de 260,000 fr. environ.

2° Valeur d'un vaste local ayant une prise d'eau;

3° Valeur de constructions spéciales;

4° Id. de trois ou quatre puissants moteurs;

5° Valeur du combustible, des fers et aciers pour l'entretien des outils, courroies de transmissions, huile, etc., etc. Enfin, le traitement élevé d'un directeur, des employés, de ses bureaux et surtout des mécaniciens chargés d'entretenir ces diverses machines. Ces nombreuses dépenses sont autant d'éléments de calcul que nous n'osons pas aborder.

Nous dirons cependant que, malgré tous ces frais, qui doivent être encore plus considérables en Angleterre que chez nous, on construit actuellement, à quelques centaines de mètres de l'usine d'Enfield, de confortables et salubres habitations destinées aux 2,100 ouvriers occupés dans ce vaste établissement.

Il ne produisait, en 1860, que 93,600 armes, et l'on a vu qu'aujourd'hui il pourrait en fournir 2,100 par semaine, chiffre donné; mais que, d'après certaines observations faites sur les lieux, nous avons cru devoir réduire à 100,000 par an.

On trouvera, à la suite de ces pages, un devis pour la série complète des vingt machines nécessaires à la monture des fusils, avec la note de tous les frais qui se rattachent à leur transport et à leur installation à Saint-Etienne; enfin l'adresse de la maison de Leeds, district de York (Angleterre), qui les fabrique.

Les prix qui sont assignés à chacune de ces machines nous paraissant très-élevés, nous avons dû nous mettre également en rapport avec

MM. Cox and Son, ecclésiastical Warehouses, 28 et 29, Southampton-street, Strand, à Londres. Ces Messieurs avaient exposé la machine à sculpter, citée dans le rapport de MM. Ronchard et Fontvieille.

L'ouvrier qui faisait fonctionner ce mécanisme, à l'Exposition, nous en ayant, à plusieurs reprises, démontré les propriétés, applicables du reste à l'arquebuserie. (Au nombre des outils, pièces accessoires de cette machine, se trouvait l'empreinte en creux sur matrice en acier d'un dedans de platine). Nous avons obtenu les renseignements suivants pour faciliter l'achat conditionnel de ce mécanisme :

Son prix serait de 135 livres sterling, soit argent de France 3,375 fr., plus emballage, frais de transport et de douane de Londres à Saint-Etienne, voyage d'un ouvrier anglais promis par ces Messieurs (aller et retour) pour installer et faire fonctionner convenablement tous les jeux d'outils; travail qu'on nous dit devoir être terminé en trois semaines, et valoir 225 à 250 fr. Il nous semblerait que cette acquisition, en admettant que tous les frais en doublassent le prix, ne dépasserait pas 6 à 7,000 fr.

On nous assure encore que la puissance de production de cet outil, non compris le moteur et le salaire du seul ouvrier employé à son service, serait de 12 fusils complets par jour, ce qui représente une heure de travail pour chaque monture, mais les changements de dispositions et d'outils après chaque opération occasionnent nécessairement une perte de temps que l'on n'éprouve pas à Enfield, où 20 machines sont toujours en état d'exécuter le travail pour lequel elles sont montées.

Le principe général d'après lequel la majeure partie de tous ces mécanismes a été construit est celui du Pantographe, du tour à portrait, du procédé de gravure Colas, etc., etc.

Essayons de donner, sans le secours des figures, un aperçu de la construction et du travail des machines à reproduction.

La creusure indispensable au logement du mécanisme de la platine dans le bois d'un fusil de guerre est un travail qui, exécuté convenablement à la main, demande de 30 à 35 minutes, il est produit en une minute à l'aide de deux tiges verticales en fer reliées entre elles à 30 ou 40 centimètres de distance, par une traverse très-solide, dépendant de la machine à reproduction.

Pour les faire fonctionner, la main de l'ouvrier peut, au moyen d'un levier, imprimer un mouvement d'ascension ou de translation simultané et commun aux deux tiges dont nous venons de parler. Celle qui est munie d'une pointe en acier d'une très-petite dimension, mais dont le bout est émoussé, étant constamment tenue en contact avec les accidents de la creusure d'une matrice en fer fondu, représentant un logement de platine, on conçoit que la seconde tige armée d'une fraise à laquelle une courroie communique un mouvement de rotation très-rapide, devra reproduire inévitablement sur le bois du fusil soumis à son tranchant les mêmes creusures et les mêmes contours dans lesquelles s'enfonce et que parcourt la pointe en acier promenée par l'ouvrier dans la matrice modèle.

Cet effet, ainsi produit, n'est-il pas à peu de chose près celui du dessin pantographique? La pointe en acier de la machine n'est-elle pas la pointe sèche qui est promenée, pour l'emploi du pantographe, sur le dessin modèle? Et la fraise ne représente-t-elle pas le crayon, laissant sa trace reproductrice sur le papier?

Le résultat infaillible et si expéditif de ce moyen de *mise en bois* étant bien compris, et surtout bien apprécié, ne pourra manquer d'exciter le génie inventif de nos jeunes monteurs. Ils chercheront bientôt à en combiner le principe, pour l'exécution plus sûre et plus prompte des autres opérations de la monture. Déjà l'un d'eux (le sieur Montillier, rue du Haut-Tardy) creuse avec succès, en quelques secondes, le logement de la baguette de ses bois de fusils, avec une fraise particulière montée sur un tour et fonctionnant à la hauteur convenable au-dessus d'un charriot de son invention.

Que la machine de MM. Cox et fils soit installée à Saint-Etienne, et, en peu de temps, ses divers effets seront utilisés, peut-être même perfectionnés par les habiles contre-maîtres de nos ateliers d'arquebuserie.

BAGUETTE EN ACIER.

La trempe de la baguette, à Enfield, différant essentiellement des procédés français, nous semble devoir être indiquée pour le perfectionnement à venir de sa fabrication.

L'ouvrier anglais y procède en amenant à la chaleur voulue vingt baguettes environ dans un four à réverbère dont la chaufferie est bien plus égale que celle de nos petites forges. Au bas de ce four est enfoui, presque à ras du sol, un tube en métal de 15 à 20 centimètres de diamètre, et à quelques centimètres près de la longueur de la baguette. Un courant d'eau froide, venant du fond dudit tube, est calculé de manière à conserver constamment à l'eau qui doit servir à la trempe, et la même température et le même niveau. L'ouvrier, en trempant verticalement une à une chaque baguette par le bout qui doit recevoir le pas de vis du tire-bourre, ne l'enfonce dans l'eau que de 3 ou 4 centimètres, puis la retire aussitôt pour lui laisser prendre le recuit nécessaire. Il l'immerge ensuite, toujours bien verticalement et avec une certaine lenteur, dans le réservoir à eau froide qui, n'étant pas aussi long que la baguette, la laisse dépasser d'un décimètre au-dessus du niveau de son eau. Cette extrémité, échappant à la trempe, n'a donc pas besoin de recuit.

Nos fabricants de baguettes, en comparant avec leurs anciennes habitudes ces divers procédés d'une installation facile et peu coûteuse, en comprendront certainement tous les avantages.

Nous leur apprendrons encore que le recuit général de la baguette se donne à dix baguettes à la fois par une immersion de quelques secondes dans une cuvette en fer, contenant du plomb toujours en fusion.

DIVISION GÉNÉRALE DU TRAVAIL.

La division du travail d'une carabine d'Enfield, par l'emploi des machines, outils plus ou moins compliqués, donne *six cent trente-huit* opérations.

Elles sont détaillées très-exactement dans un livret mis à la disposition du public, sur les vitrines du musée indien, où sont rangées autant de pièces de la même espèce que chacune d'elles subit d'opérations successives ; ainsi l'on voit 66 canons, 66 baïonnettes, 36 hausses, 26 chiens, 22 bois ou montures, 23 corps de platine, 14 baguettes, etc., etc., etc. Il nous sera possible de donner des renseignements sur les diverses phases de cette fabrication, mais ces détails trop longs et trop techniques ne sauraient trouver place dans ces notes.

TROISIÈME CLASSE

ARMES DE TROC, DITES AUTREFOIS ARMES DE TRAITE.

Avant le décret impérial du 14 décembre 1810, Saint-Etienne expédiait plusieurs modèles de fusils dits de traite, les plus anciens s'appelaient *Argoulets*, *Boucaniers*, puis fusils *Tulle*. Cette fabrication dut être suspendue au moment de la promulgation du décret précité, et les guerres de 'Empire fournissant un travail soutenu à nos arquebusiers, ils oublièrent bientôt ce genre d'armes.

Il leur était donc impossible d'exposer des produits dont les nouveaux modèles leur étaient inconnus.

L'exposition de l'Angleterre et de la Belgiqne qui, à la faveur d'une liberté illimitée ont toujours fabriqué tous les modèles demandés, quels que fussent leur forme et leur calibre, offrait au contraire une innombrable variété de ces armes de qualité inférieure, mais dont la production peut occuper tant de bras.

Prendre le signalement de quelques-unes de ces armes eut été de peu d'utilité. Un séjour plus prolongé à Londres et des recommandations indispensables auprès des consuls des diverses nations auxquelles elles sont expédiées nous auraient probablement permis d'entamer d'utiles relations commerciales.

Espérons que nos jeunes négociants, encouragés par la certitude d'une protection toute spéciale de notre Gouvernement, sauront bientôt se créer au loin une nouvelle clientèle, et se l'attacher par la supériorité de leurs produits.

QUATRIÈME CLASSE

ARMES RICHES GENRE ORIENTAL, OU ORNEMENTÉES, DITES ARMES DE PANOPLIE.

Saint-Etienne a fabriqué avec succès, depuis plusieurs siècles, les armes riches destinées aux sultans et aux pachas de l'empire ottoman. Mais, les révolutions si fréquentes qui sans doute ont nui à la splendeur de cette nation, ou peut-être une déviation du luxe sur d'autres parties du costume militaire des habitants de Constantinople et de Smyrne, ont, à de rares exceptions près, entièrement supprimé les demandes de ce genre d'armes. Leur fabrication occupa constamment à Saint-Etienne, jusqu'aux premières années de notre siècle, d'habiles fondeurs en métaux précieux, des graveurs, des ciseleurs, devenus justement célèbres, enfin les damasquineurs et les joailliers les plus renommés.

Quelques modèles de pistolets et de fusils garnis en argent ou argentés et dorés sont pourtant encore aujourd'hui entre les mains de nos ouvriers, mais leur prix ayant été très-limité sans doute, ces armes sont inférieures pour le fond, à ces riches pistolets garnis en or fondu massif, dont les ciselures, exécutées par les Rembert-Dumarest et les Galle, développèrent les talents supérieurs de ces deux célèbres artistes, nos honorables concitoyens. Espérons du moins que le bon goût et l'éclat de cette moderne fabrication rappelleront aux étrangers que nos arquebusiers seraient bien vite en mesure de satisfaire à toutes les exigences du luxe oriental.

Pour les armes de panoplie, on sait que l'arquebusier s'efface derrière le dessinateur, le ciseleur et le sculpteur, aussi le jury de l'exposition française de 1855 a-t-il cru devoir nommer coopérateurs les Fossey, les Kleff, les Riester, les Attarge, les Knecht. Ces trois derniers artistes avaient dessiné, ciselé et sculpté le beau fusil que M. Claudin expose encore aujourd'hui à Londres. Nous aimons à croire qu'à l'occasion le talent de ces célébrités européennes ne nous ferait pas défaut, et nous sommes sûr que le fond de nos armes serait en rapport avec l'ornementation.

DEUXIÈME CLASSE

ARMES DE CHASSE ET DE LUXE

Les nombreux renseignements que nous avons dû réclamer à l'obligeance de nos anciens confrères ont renvoyé à la fin de cette notice les détails relatifs aux armes de chasse et de luxe de la deuxième classe.

Après avoir lu, dans le rapport d'ensemble qui précède, toutes nos notes, les extraits de celles de MM. Ronchard et Fontvielle, on aura certaines données sur l'état actuel de l'industrie arquebusière, si largement représentée à l'Exposition internationale de Londres.

Nous sommes forcé de le répéter, après l'emploi plus fréquent par les arquebusiers de Saint-Etienne de l'acier fondu pour la fabrication des armes de premier choix, aucun perfectionnement *remarquable* dans celles de l'Angleterre ou de la Belgique n'a appelé notre attention.

Il est pourtant certains systèmes d'amorces que nous croyons devoir rappeler à nos jeunes arquebusiers pour les faciliter dans les combinaisons des nouveaux perfectionnements, que gênerait l'emploi trop exclusif de la capsule classique.

L'arquebusier Needham's, de Londres, a bien voulu nous remettre gratuitement, avec le dessin de son système, une de ces cartouches qui s'enflamment par la ponction d'une aiguille, traversant le fulminate fixé à l'extrémité de la cartouche (elle est à la disposition de tous dans les vitrines de notre musée).

Ce système admettrait des ressorts moins forts que ceux de nos armes à percussion, et son inflammation serait plus centrale.

En roulant dans l'une de ces minces feuilles d'étain, à l'usage des confiseurs, une traînée de poudre fulminante (1), par le procédé si simple et

(1) Le mercure, de howart ou fulminante de mercure, combiné avec une partie de salpêtre pour deux parties de fulminante, donne une bonne poudre d'amorce.

si connu des cigarettes, on obtient une amorce qui peut se prêter à tous emplois et être foulée ou engagée dans toute espèce de cavité.

M. le baron Heurteloup est le premier qui, en 1844, nous ait montré ce genre d'amorces. Il a été adopté par la célèbre manufacture de Springfield (Amérique), pour certains modèles *d'armes de guerre*. Ce genre particulier d'amorce, offrant l'aspect d'un ruban très-étroit, s'enroule en forme de ressort de montre dans une cavité ménagée sur le corps de platine. Il peut devenir amorce continue par un mécanisme particulier et très-savant, dont nous donnerons une reproduction en même temps que celle du système à recul pour canardières, signalé par MM. Fontvieille et Ronchard.

Nous avons vu des fusils norvégiens ayant une sougarde à double pontet, le plus rapproché de la crosse abritait la détente, et le plus éloigné, recouvrant le chien, préservait d'un départ inopiné le fusil qui n'aurait pas eu de cran de sûreté. Il débarrassait aussi le chasseur des saillies de la platine toujours très-incommodes.

L'un de nos compatriotes, feu M. Cessier, arquebusier d'un grand mérite, fut le premier qui plaça l'amorce fulminante sous le canon.

Une dernière observation va donner une idée de la vitalité profonde dont est doué le commerce de l'arquebuserie stéphanoise, et cela, malgré toutes les entraves qu'il a eues à supporter, et que nous avons signalées au début du présent rapport.

On se rappelle que nous avons été enfermés pour ainsi dire dans la confection des armes de chasse.

Examinons ce que nous avons fait de cette spécialité, et si nous l'avons laissée décroître.

Prenons pour exemple les canons doubles :

A Saint-Etienne, la fabrication des fusils doubles qui n'était, en 1857, que de 34,965 fusils, arrivait, en 1858, à 36,349; l'année de 1859 ne produisit, il est vrai, que 35,036 armes, mais 1860 en a donné 41,290.

Quand la consommation d'un produit augmente, on peut bien affirmer que l'Industrie qui le met au jour est bonne et progresse.

Or, pendant que nous pouvons appeler l'attention sur notre marche ascendante, voilà ce qui se passe à Liége.

La progression y décroît, quant aux fusils doubles, dans une proportion saisissante. Ce genre de fusils constitue la production *normale* de notre industrie. Puisque ce sont là les seuls genres d'armes qui soient communs à nous et aux Belges, c'est donc le seul point de comparaison qu'on puisse établir entre eux et nous.

En conséquence, on nous pardonnera d'insister.

En regard de ce qui s'est passé à Saint-Etienne, voilà ce qui a eu lieu en Belgique ; on y fabriquait (page 65 de l'*Enquête commerciale*) :

En 1857	fusils doub.		99,392	Différence en moins de 1857 à 1859, 41,232 fusils doubles.
Id. 1858	id.	id.	74,723	
Id. 1859	id.	id.	58,160	

Notons que cette arme est l'arme usuelle de la bourgeoisie, du chasseur, c'est-à-dire de gens qui tiennent à la fois à l'élégance et à la solidité. Si nous avons avancé, si la Belgique a reculé, c'est qu'en définitive le public a reconnu que nos fusils avaient ce caractère de fini et d'élégance que les Belges depuis trop longtemps affectent de leur dénier.

Quant à une solidité *égale*, nos concurrents n'ont pu y atteindre, et en nous dénigrant sur le reste, ils ont gardé à cet égard un silence prudent.

Nous venons, il nous semble, de démontrer par des faits, que le monde consommateur trouvait dans nos armes la réunion de toutes les qualités artistique et balistique qu'il exige.

Leur solidité tient surtout à la sévérité de notre épreuve.

Un mot à ce sujet : Le rapport d'ensemble qui précède le présent travail n'est que le résumé de nos opinions, il parle d'une réduction qui serait à réaliser à Saint-Etienne dans les charges d'épreuves, cela paraîtrait juste et conforme à la demande de M. Ronchard-Siauve et des autres canonniers. (1)

Il n'y a pas à craindre que nous tombions dans l'excès contraire, et que nous renoncions, tout en pratiquant une réforme, à la rigidité qui nous a valu notre juste renommée.

Voici comment il faut entendre ce qui est écrit dans l'introduction qui précède l'œuvre spéciale de chaque délégué :

La sévérité actuelle sera intégralement maintenue pour les armes de qualité supérieure et même très-ordinaire, le changement ne portera que sur

(1) Mais la force explosive de nos nouvelles poudres de troc ayant été considérablement augmentée par suite de la bonne administration de toutes nos poudreries impériales françaises, nous conviendrait-il de diminuer aujourd'hui les garanties de résistance des armes que nous nous proposons d'établir pour le troc et l'exportation ?

les armes de troc. Enfin, suivant les termes adoptés, conformément à notre opinion, par le rédacteur, il n'aura lieu « *qu'après un examen sérieux, et dans la » mesure où il serait possible de concilier la sécurité pu- » blique avec les intérêts manufacturiers.* »

Ces expressions rendent entièrement notre pensée et nous nous hâtons d'ajouter, ce que l'on conçoit aisément, que le second poinçon sera très-apparent et établi de manière à prévenir toute confusion entre les armes à canons lisses et les armes de troc.

Les Belges n'ont introduit en France qu'une quantité insignifiante de fusils doubles. Mais il y a plus : l'arquebuserie belge, en général, présente dans son ensemble une diminution frappante pendant les trois années dont voici le tableau (toujours page 65) :

1857	total général	599,208		Diff. en moins de 1857 à 1859, cent dix-sept mille quatre cent quarante et une armes.
1858	id.	id.	484,692	
1859	id.	id.	481,767	

Depuis 1860, la Belgique ne communique plus les chiffres de son banc d'épreuve.

A nos lettres, pour obtenir ce document, on n'a jamais répondu que par une moyenne de *trente-un* ans.

La conclusion est facile à tirer.

Nos canonniers savent fort bien, du reste, que leurs canons, même les plus ordinaires et pris *au hasard* dans leurs ateliers, sont capables, ainsi que le prouvent les échantillons de notre exposition à Londres, de résister non-seulement à nos charges réglementaires, mais à des charges de trois et quatre numéros supérieurs.

S'agissant d'une révision dans le règlement de

notre épreuve, nous demandons que MM. les arquebusiers soient appelés au sein de notre Chambre de commerce, qui fera à tous bonne justice.

Là, tout en donnant aux différents intérêts la satisfaction qui paraîtra légitime, nous ferons surtout appel, en vue des progrès à réaliser, à l'intelligence de nos ouvriers.

Nous pensons que c'est leur intelligence surtout, et en second lieu la perfection de nos machines, une bonne organisation, un vaste outillage entretenu,comme on l'a dit, par une association générale qui nous permettront d'atteindre aux limites du fini et du bon marché, qui sont nécessaires à notre avenir.

Cet avenir, nous comptons enfin, pour l'assurer, sur la réalisation des promesses qu'a bien voulu nous donner l'éminent personnage qui nous recevait à Londres avec tant de bonté. Nul n'ignore, parmi nous, la place qui lui revient dans l'*affranchissement de notre industrie*, et nous en avons la ferme espérance, il ne voudra pas laisser son œuvre inachevée.

Voici le devis, dont nous avons parlé plus haut, pour la série complète des vingt machines nécessaires à la monture des fusils, avec la note de tous les frais qui se rattachent à leur transport et à leur installation à Saint-Etienne. Ces machines sont fabriquées dans la maison Greenwood et Balley, à Leeds, district de York (Angleterre). — Office à Londres, 20, Cannon-Street; Arthur Kinder, représentant.

DEVIS pour une série de Machines pour la fabrication des montures de fusils, de MM. Greenwood et Bailey, à Leeds. Office à Londres, 20, Cannon-Street. — Arthur Kinder, représentant.

DESCRIPTION	Nos d'ordre des opérations.	PRIX par Machine.	POUR nombre	25,000 PRIX TOTAL.	POUR nombre	60,000 par an PRIX TOTAL.
Machine à scier et dégrossir, dite *Blanchard*	1	7,500	1	7,500	1	7,500
— à cintrer	2	1,250	1	1,250	1	1,250
— à tourner grossièrement le gros bout	3	7,000	1	7,000	2	14,000
— — — le petit bout	4	7.500	1	7,500	1	7,500
— à pointer	5	6,250	1	6,250	1	6,250
— à préparer l'établissement du canon	6	15,000	1	15,000	2	30,000
— à profiler	7	10,000	1	10,000	2	20,000
— à scier à la longueur	8	6,500	1	6,300	1	6,500
— à préparer l'établissement de la plaque de la crosse	9	13,500	1	13,500	1	13,500
— — — de la platine	10	15,000	1	15,000	1	15,000
— — — de la sougarde	11	12,000	1	12,000	1	12,000
— — — des capucines	12	8,750	1	8,750	1	8,750
— à tourner entre les capucines	13	8,750	1	8,750	1	8,750
— — finement la crosse	14	7,500	2	15,000	4	30,000
— — — le bout de devant	15	7,500	1	7,500	2	15,000
— à évider pour la baguette	16	5,000	1	5,000	1	5,000
— à couper pour le ressort de la baguette	17	5,000	1	5,000	1	5,000
— à creuser pour la baguette	18	5,000	1	5,000	1	5,000
— — pour les trous des vis (ou trous à vis)	19	7,500	1	7,500	1	7,500
— — pour la vis du chapeau de l'embouchoir	20	2,500	1	2,500	1	2,500
Frais pour faire des ciseaux, ajuster, et des plaques pour des modèles particuliers, mettre le tout en mouvement à Leeds, pour en essayer la perfection avant de les livrer	...	20,000	...	20,000	...	25,000
Emballage et frais de transport	...	6,875	...	6,875	...	9,125
TOTAUX				193,375		255,125

Selon M. Whitworth, le travail de chacune de ces machines serait en moyenne d'une minute et quelques fractions. En ajoutant aux vingt minutes, durée de leur travail, cinq autres minutes pour un complément de travail à la main, on obtiendrait donc un bois de fusil complètement façonné en 30 minutes, soit deux par heure.

Le tableau dont nous avons parlé, dans le premier paragraphe de ce rapport, se compose de dix-huit colonnes dont les chiffres nombreux n'ont d'intérêt que pour les négociants en arquebuserie, auxquels il a été distribué à la fin d'une brochure contenant les divers rapports des délégués.

Nous croyons donc suffisant de ne reproduire ici que les moyennes de la production quinquennale et décennale de tous les modèles de nos armes à feu portatives.

Mais nous donnons *in extenso* la colonne des observations qui complètent ce travail officiel.

TABLEAU de la fabrication des armes à Saint-Etienne, donnant la production de la Manufacture impériale et celle du commerce pendant une période de 42 ans, soit de 1819 à 1860 inclus. — Dressé sur des documents officiels par C. JALABERT aîné, ancien arquebusier, conservateur du Musée d'artillerie.

ANNÉES.	MOYENNES par 5 années.	MOYENNES PAR 10 DES 10 premières et 10 dernières ANNÉES.
de 1819 à 1823 inclus.	55,078	»
de 1824 à 1828 inclus.	51,290 $_{2}$	»
de 1829 à 1833 inclus.	107,813 $_{8}$	»
de 1834 à 1838 inclus.	70,160 $_{6}$	»
de 1839 à 1843 inclus.	71,955	»
de 1844 à 1848 inclus.	59,746 $_{2}$	»
de 1849 à 1853 inclus.	73,358 $_{8}$	»
de 1854 à 1858 inclus.	67,613 $_{2}$	»
de 1819 à 1828 inclus.	. . . . .	53,185 $_{8}$
de 1851 à 1860 inclus.	. . . . .	67,839 $_{9}$

OBSERVATIONS

Les chiffres si faibles des années 1843, 1844 et 1845 sont le résultat des appréhensions de la nouvelle loi sur la chasse et des suites de son application, dont on s'exagérait les conséquences de 1844 jusqu'en 1847.

On sait, en effet, que les cinq premiers mois de 1843 ne donnèrent que 16,955 armes, et que les cinq mêmes mois de 1845 en présentèrent seulement 7,683. Différence en moins, 9,272. Elle fut très-onéreuse pour le commerce d'arquebuserie de cette année.

Après les journées de juillet, en 1830, le Gouvernement ayant un pressant besoin d'armes de guerre (on parlait d'une invasion étrangère), donna aux cinq manufactures qui existaient alors, et même à de simples négociants, des commandes d'armes extraordinaires qui furent mises de suite en fabrication.

En 1831, les quatre manufactures royales ci-bas désignées ne livrèrent que 92,464 armes ainsi réparties :

Tulle.	28,728	92,464
Charleville. . .	18,369	
Mutzig	20,428	
Maubeuge. . .	24,939	

et Saint-Etienne, cinquième manufacture royale, à elle seule, pendant le même laps de temps, a fabriqué 103,637 fusils ou pistolets, sans compter les armes ou pièces d'armes fournies par le commerce.

Si la totalité de ce chiffre ne figure pas sur le tableau, c'est qu'une certaine partie de ces armes fut fabriquée avec des canons provenant de nos arsenaux ou des fabriques étrangères, et dans ce dernier cas, ils étaient éprouvés à Paris.

L'entreprise de la Manufacture impériale d'armes peut fournir annuellement 80,000 armes régulières, plus de 50 à 60,000 fusils n°. 1 ; enfin elle pourrait transformer en un an, sans apporter de retards à la fabrication habituelle, 260,000 fusils.

Des ateliers spéciaux, propriété particulière de l'entrepreneur, étant affectés à cette réparation.

La force productive de notre Manufacture impériale serait donc, en ne comptant le travail de huit transformations que pour celui d'un seul fusil, de 172,500

Celle du commerce, ainsi qu'on peut le voir dans les chiffres de la période décennale de 1851 à 1860 inclus, étant en moyenne de. 41,267

213,767

Il faut encore ajouter au produit du commerce dix mille canons de pistolets de poche, qui ne figurent pas dans ce tableau. . 10,000

Total probable de la production en moyenne . . . . 223,767 armes.

Nous ferons remarquer que les chiffres de la production de 1861 et des six premiers mois de

1862, sous le bénéfice de la nouvelle législation, sont dans une proportion croissante dont on se fera une idée plus exacte, quand on saura que près de 150,000 fusils sont actuellement en fabrication sur notre place et qu'ils doivent être livrés en 1863, indépendamment des commandes habituelles du Gouvernement et du commerce.

Nous sommes heureux de dire que le rapport de M. le préfet de la Loire au Conseil général du département, sur l'état de l'arquebuserie, concorde parfaitement avec les résultats indiqués par nous. C'est, en quelque sorte, le complément officiel de notre travail. Voici ce que nous y lisons :

« La fabrication des armes présente de remarquables résultats, dus à la législation libérale de 1860. Dans le premier semestre de 1861, le nombre des canons éprouvés était de 17,308. Pendant la période correspondante de 1862, il a été de 37,916. » — Rapport de M. Léon Sencier, préfet de la Loire, au Conseil général du département de la Loire. (Séance du 25 août 1862.)

www.ingramcontent.com/pod-product-compliance
Ingram Content Group UK Ltd.
Pitfield, Milton Keynes, MK11 3LW, UK
UKHW022134260726
13993UKWH00003B/1434

9 782019 965068